UBU

SUR LA BUTTE

DU MÊME AUTEUR :

Les Minutes de Sable Mémorial. . *Epuisé.*
César-Antechrist . . . . *Epuisé.*
Ubu Roi, avec musique de Claude Terrasse . . . . 1 vol.
Petit Almanach du Père Ubu . . 1 broc.
Almanach du Père Ubu pour le XXe Siècle . . . . 1 broc.
Perhinderion, revue d'estampes . *Epuisé.*
Les Jours et les Nuits, roman . . 1 vol.
Gestes et Opinions du Dr Faustroll, pataphysicien . . . . *Hors commerce.*
L'Amour Absolu, roman. . . . *Epuisé.*
L'Amour en Visites . . . . . . 1 vol.
Ubu Enchaîné, précédé d'*Ubu Roi.* 1 vol.
Messaline, roman de l'ancienne Rome . . . . 1 vol.
Le Surmâle, roman moderne . . 1 vol.
Théâtre Mirlitonesque . . . . 6 vol.

POUR PARAITRE PROCHAINEMENT :

La Dragonne, roman.
La Papesse Jeanne, roman médiéval, traduit du grec d'Emmanuel Rhoïdès en collaboration avec le Dr Jean Saltas.

Il a été tiré de cet ouvrage six cents exemplaires, dont deux cents sur Hollande teinté et quatre cents sur vergé teinté.

Après épuisement l'édition ne sera pas réimprimée.

Théatre Mirlitonesque

Alfred JARRY

UBU
SUR
LA BUTTE

Réduction en deux actes
d'UBU ROI

Représentée l'an 1901
au *Guignol des 4-z'Arts*
avec le concours du célèbre
Anatole
des Champs-Elysées.

PARIS
E. SANSOT & Cie
Éditeurs
53, rue St-André-des-Arts.

E. S.
1906

PERSONNAGES

Père Ubu.
Mère Ubu.
Capitaine Bordure.
Le Roi Venceslas.
La Reine Rosemonde.
Bougrelas, leur fils.
Les Ombres des Ancêtres.
Le Général Lascy.
Nicolas Rensky.
L'Empereur Alexis.
Le Palotin Giron.
Nobles.
Magistrats.
Conseillers.
Financiers.
Toute l'Armée russe.
Toute l'Armée polonaise.
L'Ours.
Le Cheval à Phynances.
Deux Gendarmes.

UBU SUR LA BUTTE

PROLOGUE

Personnages du Prologue

GUIGNOL

LE DIRECTEUR

SCÈNE PREMIÈRE

GUIGNOL

C'est beau, ici. Il y a plus de monde dans cette salle que dans toute la ville de Lyon. Je suis assurément aux 4-z'Arts.

(Il frappe.)

SCÈNE II

GUIGNOL, LE DIRECTEUR

GUIGNOL

Bonjour, Monsieur l'Art !

LE DIRECTEUR

Comment, Monsieur l'Art ! Qui êtes-vous pour parler de la sorte ?

GUIGNOL

Tiens, vous n'êtes pas l'un des 4-z'Arts ! Y en aurait-il un cinquième ?

LE DIRECTEUR

Le cinquième, c'est moi, ou plutôt je les dirige, je dirige l'établissement du même nom, je suis M. Trombert.

GUIGNOL

Et moi, Guignol. Enchanté de faire votre connaissance.

LE DIRECTEUR

Ravi de vous recevoir chez moi.

GUIGNOL

Encore plus charmé de recevoir, d'accepter, veux-je dire, les deux cent cinquante mille francs que vous m'avez promis pour mes frais de voyage de Lyon et de séjour à Paris.

LE DIRECTEUR

Deux cent cinquante mille francs! Je vous ai promis deux cent cinquante mille francs ?

GUIGNOL

A moi, Guignol.

LE DIRECTEUR

Je veux bien en convenir, mais qui me dit que vous êtes Guignol ? Avez-vous des papiers, des pièces d'identité ?

GUIGNOL

Mes papiers, les voici, en pâte de bois. *(Il lui présente un bâton.)*

LE DIRECTEUR, *reculant.*

Monsieur Guignol, qu'allez-vous faire ?

GUIGNOL

Prenez cet éventail, cognez-moi sur la tête. N'ayez pas peur, c'est solide. Vous verrez si ça sonne le bois.

LE DIRECTEUR

D'abord ça vous ferait mal, et puis je n'ai pas acheté un seul guignol en bois, mais tout l'assortiment des pantins lyonnais. Vous allez retrouver ici vos amis Gnafron et Cie.

GUIGNOL

Dans ce cas c'est donc moi qui vérifierai si vous êtes bien M. Trombert. (*Levant son bâton.*) Vous êtes bien M. Trombert ?

LE DIRECTEUR

Si c'est à M. Trombert que vous désirez parler avec votre langue de bois, ce n'est pas moi.

GUIGNOL

Ah ! nous allons voir ! (*1er coup de bâton.*) Vous n'êtes toujours pas M. Trombert ?

LE DIRECTEUR

Aïe ! Aïe ! Je suis M. Trombert, tous les Trombert que vous voudrez.

GUIGNOL

Je n'en suis pas si sûr que vous, je n'ai pas fini de vous présenter à moi-même. Vous êtes bien le M. Trombert qui m'a promis deux cent cinquante mille francs ?

LE DIRECTEUR

Qui vous a.... jamais de la vie.

GUIGNOL

Rappelez vos souvenirs. *(Coups de bâton.)*

LE DIRECTEUR

Aïe ! Aïe ! c'est vrai, j'avais perdu conscience de moi-même. Voici vos deux cent cinquante mille francs. (*Il lui donne trois gros sacs*).

GUIGNOL

Voulez-vous un reçu ?

LE DIRECTEUR

Merci, je n'accepterai plus rien.

Dites-moi, M. Guignol, je voudrais vous parler.

GUIGNOL

J'écoute.

LE DIRECTEUR

Parler, j'entends, sans témoins. Congédiez cet indiscret manche à balai.

GUIGNOL

C'est mon ami, mon frère, un autre Guignol : nous sommes faits du même bois ; mais avec vous et du moment que nous avons échangé nos noms et qualités de toutes espèces, j'y consens.

LE DIRECTEUR

Monsieur Guignol, vous vous êtes présenté à moi, mais il faudrait que je vous présentasse aux personnes....

GUIGNOL

Présentes. Présentassez-moi aux personnes présentes. Mais je [illegible] plus mon interprète à emman[illegible] les balais.

LE DIRECTEUR

Ces personnes sont trop considérables pour que vous puissiez vous permettre avec elles un tel genre d'entretien. Mais informez-moi de votre généalogie et de toutes vos qualités, je vais faire au public votre biographie et votre généalogie.

GUIGNOL

Pardon, M. Trombert, ce sont là des secrets de famille. Je ne les révèlerai point si je ne suis sûr qu'il y ait ici trois ou quatre honnêtes gens ou tout au moins trois ou quatre personnes, comme vous dites, considérables.

LE DIRECTEUR

Qu'à cela ne tienne ! *(Il nomme un certain nombre de spectateurs, en affectant de confondre les physionomies connues les plus opposées.)*

GUIGNOL

Ces notoriétés me décident. Interrogez.

LE DIRECTEUR

Vous êtes donc bien M. Guignol, et vous êtes venu de Lyon, M. Guignol, pour toucher deux cent cinquante mille francs.

GUIGNOL

Ne parlons pas de cette petite chose. Je ne reproche jamais les services que j'ai rendus.

LE DIRECTEUR

Alors, vous me rendrez d'abord les sacs vides. Et pour avoir l'honneur d'être présenté au Tout-Paris réuni pour cette solennité dans le hall des 4-z'Arts. Et qui était votre père, M. Guignol ?

GUIGNOL

Papa ? Guignol !

LE DIRECTEUR

Ah! au fait, c'est juste. Et monsieur votre grand-père ?

GUIGNOL

Grand-papa ? Guignol !

LE DIRECTEUR

Encore! c'est assez bizarre! Et monsieur votre... enfin, un ancêtre bien vieux?

GUIGNOL

Un ancêtre bien vieux? l'Homme à la Tête de Bois!

LE DIRECTEUR *(reculant, se heurte à un portant).*

Aïe! je me suis fait mal. Il a existé un homme à la tête de bois!

GUIGNOL

Parfaitement. Les êtres humains n'ont, dans certains cas, que quelquefois la... partie antérieure de la figure, la... bouche ainsi, et vous vous êtes fait mal au derrière de la tête parce que vous n'êtes pas assez intelligent pour avoir la tête toute en bois, mais en mon instructive société, cela viendra.

Il chante :

Au temps des anciens dieux, avant l'âge de fer,
Les têtes,
Avant l'âge d'or, de chair et de corne,

Les têtes se faisaient en bois.
Dans ces boîtes de bois l'on gardait la sa-
[gesse,
Et les sept sages, les sept sages de la Grèce
Etaient sept hommes à la tête de bois,
Sept hommes
Issus des chênes millénaires
Qui rendaient des oracles aux forêts de Do-
[done.

Les racines de ces vieux arbres
Fouillaient vers le centre de la terre
Comme des doigts palpent des trésors,
Par l'espace infini et par la nuit des temps
Rampant vers le savoir, embrassant l'Uni-
[vers.
Au Paradis l'arbre de la science
Et le pommier étaient en bois,
Et le subtil serpent qui tenta Eve
Etait, était, osons le dire, en bois.

Hélas! le monde s'use, hélas! tout dégé-
[nère;
Nous, derniers héritiers des sages et des
[dieux,

Parlé.

et des hommes à la tête de bois,

Chanté.

Nous, les petits pantins,
Nous sommes nains,
Nous sommes gueux.

Pour hausser vers le peuple nos têtes sur
[la scène,
Epandant la science, il faut qu'à nos fan-
[tômes
Le souffle animé passe entre des doigts de
[chair.

LE DIRECTEUR

Parlé.

Mais il a existé quelques hommes dont le nom indique qu'ils furent descendants, comme vous, de l'illustre race des hommes à la tête de bois : par exemple... le sergent Bobillot.

GUIGNOL

Aussi on lui a élevé une statue.

LE DIRECTEUR

Et il y a tant de gens qui s'appellent Dubois !

GUIGNOL

Là, mon cher ami, vous confondez.

Chanté.

Il existe deux sortes d'hommes en bois,
Les têtes précieusement travaillées,
Réceptacles de doctrines admirables,

Et les brutes, j'entends non façonnées,
Eh ! si, les brutes et les bûches.

LE DIRECTEUR

Devient-on sage ?...

GUIGNOL

Dites, mon ami : homme à la tête de bois.

LE DIRECTEUR

Devient-on homme à la tête de bois ou bûche quand on a la.... bouche de bois ?

GUIGNOL

Chanté.

Le vin est la vérité, une solution de vérité,
Empruntée au bois des tonneaux de bois,
Plein de vin, vous devenez semblable à un
[tonneau, tout en bois.
Les pantins et les guignols
Sont de perpétuels ivrognes.

LE DIRECTEUR

Parlé.

Et ils sont en bois pour ne pas se casser en tombant. C'est, en effet, avantageux. *(Il reste rêveur.)*

Mais vous ne buvez pas, alors, puisque vos maxillaires sont déjà en bois ?

GUIGNOL

Si fait, pour les avoir encore davantage ainsi et parvenir à la science infuse.

LE DIRECTEUR

Arthur, deux....

GUIGNOL

Pernods ?

LE DIRECTEUR

Non, *Premier*, comme Napoléon.

GUIGNOL

A votre santé, futur grand homme de bois. Vous deviendrez sage en buvant. (*Musique de ballet.*) Eh ! où courez-vous donc, plus vite qu'un cheval de bois ?

LE DIRECTEUR

Chanté.

Des petit's femm's, voici des p'tit's femmes !
On n'est pas de bois !

GUIGNOL

Parlé.

Vous voulez dire ?....

LE DIRECTEUR

Que je vous plains, pauvre Guignol, avec votre tête de... sage. Vous ignorez bien des plaisirs. Un de vos ancêtres de bois n'était-il pas... Abélard ?

GUIGNOL (*se tordant et se roulant sur le devant du théâtre*).

Il n'était pas Abélard, puisqu'il a engendré tous mes grands-pères, père et moi-même. Mais aux Champs-Elysées et aux Tuileries et à Lyon, je laisse croire aux petits enfants que les pantins de Guignol se trouvent sous les choux de bois...

Chanté.

Des bergeries des bazars.
Mais aux Quat-z'Arts,
Aux Quat-z'Arts, Guignol,
Aux Quat-z'Arts n'est pas Abélard !

Il sera de bois quant à la tête
Par son savoir,
De bois, de bois,
Mais pas plus bas.
Aux Quat-z'Arts, aux Quat-z'Arts,
Guignol ne sera pas de bois !

(Entrent deux Petites Femmes, que le Directeur et Guignol embrassent grotesquement. Danse burlesque.)

ACTE PREMIER

Une salle du palais du Roi de Pologne.

SCENE PREMIERE

PÈRE UBU, LE ROI VENCESLAS

LE ROI, *dans la coulisse.*

Hé, Père Ubu, Père Ubu!

PÈRE UBU, *entrant.*

Eh! voilà le roi qui me demande. (*A part.*) Roi Venceslas, vous courez à votre perte et vous serez massacré !

LE ROI, *entrant de l'autre côté.*

Etes-vous donc encore à boire, Père Ubu, que vous n'entendez pas quand je vous appelle ?

PÈRE UBU

Oui, Sire, je suis saoul, c'est parce que j'ai bu trop de vin de France.

LE ROI

Comme moi ce matin : nous sommes gris, je crois, comme deux Polonais.

PÈRE UBU

Enfin, Sire, que désirez-vous ?

LE ROI

Noble Père Ubu, venez près de moi à cette fenêtre, nous verrons défiler les troupes.

PÈRE UBU, *à part.*

Attention, voilà le moment ! *(Au Roi.)* On y va, monsieur, on y va.

LE ROI, *à la fenêtre.*

Ah ! voici le régiment des gardes à cheval de Dantzick. Ils sont fort beaux, ma foi.

PÈRE UBU

Vous trouvez ? Ils me paraissent misérables. Regardez celui-ci là-bas. (*Criant par la fenêtre.*) Depuis combien de temps ne t'es-tu débarbouillé, ignoble drôle?

LE ROI

Mais ce soldat est fort propre. Qu'avez-vous donc, Père Ubu?

PÈRE UBU

Voilà ce que j'ai! (*Coup de tête dans le ventre.*)

LE ROI

Misérable!

PÈRE UBU

MERDRE. (*Coup de bâton.*)

LE ROI

Lâche, gueux, sacripant, mécréant, musulman!

PÈRE UBU

Tiens, pochard, soûlard, bâtard, hussard, tartare, calard, cafard, mouchard, savoyard, polognard!

LE ROI

Au secours! Je suis mort!

PÈRE UBU, *roulant le Roi sur le devant du guignol avec le bâton.*

Tiens, capon, cochon, félon, histrion, fripon, souillon, polochon! Est-il bien mort? Eh aïe donc! (*Il l'achève.*) Me voici roi maintenant!

(*Il sort.*)

SCÈNE II

LA REINE, BOUGRELAS

LA REINE

Quel est ce bruit épouvantable? Au secours! le roi est mort!

BOUGRELAS

Mon père!

LA REINE

Mon mari! mon cher Venceslas! Je me trouve mal! Bougrelas, soutiens-moi!

BOUGRELAS

Ha! qu'as-tu, ma mère?

LA REINE

Je suis bien malade, crois-moi, Bougrelas. Je n'en ai plus que pour deux heures à vivre. Comment veux-tu que je résiste à tant de coups? Le roi massacré, et toi, représentant de la plus noble race qui ait jamais porté l'épée, forcé de t'enfuir comme un contrebandier.

BOUGRELAS

Et par qui, grand Dieu! par qui? Un vulgaire Père Ubu, aventurier sorti on ne sait d'où, vile crapule, vagabond honteux! Et quand je pense que mon père l'a décoré et fait comte et que ce vilain n'a pas eu honte de porter la main sur lui.

LA REINE

O Bougrelas! Quand je me rappelle combien nous étions heureux avant l'arrivée de ce Père Ubu! Mais maintenant, hélas! tout est changé!

BOUGRELAS

Que veux-tu? Attendons avec

espérance et ne renonçons jamais à nos droits.

LA REINE

Je te le souhaite, mon cher enfant, mais pour moi je ne verrai pas cet heureux jour.

BOUGRELAS

Eh! qu'as-tu? Elle pâlit, elle tombe, au secours! O mon Dieu! son cœur ne bat plus. Elle est morte! Est-ce possible? Encore une victime du Père Ubu! (*Il se cache la figure dans les mains et pleure.*) O mon Dieu! qu'il est triste de se voir seul à quatorze ans avec une vengeance terrible à poursuivre! (*Il tombe en proie au plus violent désespoir.*)

(*Pendant ce temps* les Ames des Ancêtres *entrent. L'une s'approche de Bougrelas.*)

BOUGRELAS

Ah! que vois-je? toute ma famille, mes ancêtres... Par quel prodige?

L'OMBRE

Apprends, Bougrelas, que j'ai été pendant ma vie le seigneur Mathias de Kœnigsberg, le premier roi et le fondateur de la maison. Je te remets le soin de notre vengeance. (*Il lui donne une grande épée.*) Et que cette épée que je te donne n'ait de repos que quand elle aura frappé de mort l'usurpateur.

(*Les Ombres disparaissent.*)

BOUGRELAS

Ah ! maintenant, qu'il y vienne, ce Père Ubu, ce coquin, ce misérable ! Si je le tenais...

(*Il sort en brandissant l'épée.*)

SCÈNE III

PÈRE UBU

Cornegidouille ! Me voici roi dans ce pays. Je me suis déjà flanqué une indigestion et je vais maintenant commencer à prendre toute la phynance, après quoi je tuerai tout le monde et je m'en irai. En voici deux qui sont déjà morts. Heureusement il y a ici une trappe où je vais les précipiter. Un! et deux! Et d'autres vont les rejoindre tout à l'heure.

SCÈNE IV

PÈRE UBU, MÈRE UBU,
puis NOBLES, MAGISTRATS,
PERSONNAGES DIVERS.

PÈRE UBU

Apportez la caisse à Nobles et le crochet à Nobles et le couteau à Nobles et la trique à Nobles! Ensuite, faites avancer les Nobles.

(*On pousse brutalement les Nobles.*)

MÈRE UBU

De grâce, modère-toi, Père Ubu.

PÈRE UBU

J'ai l'honneur de vous annoncer que pour enrichir le royaume je vais faire périr tous les Nobles et prendre leurs biens.

NOBLES

Horreur! à nous, peuple et soldats!

PÈRE UBU

Amenez le premier Noble et passez-moi la trique à Nobles. Ceux qui seront condamnés à mort, je les passerai dans la trappe, ils tomberont dans le sous-sol où on les massacrera. (*Au Noble.*) Qui es-tu, bouffre?

LE NOBLE

Comte de Vitepsk.

PÈRE UBU

De combien sont tes revenus?

LE NOBLE

Trois millions de rixdales.

PÈRE UBU

Condamné! (*Coup de bâton.*)

MÈRE UBU

Quelle basse férocité!

PÈRE UBU

Second Noble, qui es-tu? — Répondras-tu, bouffre?

LE NOBLE

Grand-duc de Posen.

PÈRE UBU

Excellent! excellent! Je n'en demande pas plus long. Dans la trappe. *(Coup de bâton.)* Troisième Noble, qui es-tu? tu as une sale tête.

LE NOBLE

Duc de Courlande, des villes de Riga, de Revel et de Mitau.

PÈRE UBU

Très bien! très bien! Tu n'as rien autre chose?

LE NOBLE

Rien.

PÈRE UBU

Dans la trappe, alors. Quatrième Noble, qui es-tu?

LE NOBLE

Prince de Podolie.

PÈRE UBU

Quels sont tes revenus?

LE NOBLE

Je suis ruiné.

PÈRE UBU

Pour cette mauvaise parole, passe dans la trappe. (*Coup furieux.*) Cinquième Noble, qui es-tu? tu as une bonne figure.

LE NOBLE

Margrave de Thorn, palatin de Polock.

PÈRE UBU

Ça n'est pas lourd. Tu n'as rien autre chose?

LE NOBLE

Cela me suffisait.

PÈRE UBU

Eh bien! mieux vaut peu que rien. Dans la trappe, mon ami. — Qu'as-tu à pigner, Mère Ubu?

MÈRE UBU

Tu es trop féroce, Père Ubu.

PÈRE UBU

Eh! je m'enrichis. Je vais faire lire MA liste de MES biens. Greffier, lisez MA liste de MES biens.

LE GREFFIER

Comté de Sandomir.

PÈRE UBU

Commence par les principautés, stupide bougre!

LE GREFFIER

Principauté de Podolie, grand-duché de Posen, duché de Courlande, comté de Sandomir, comté de Vitepsk, palatinat de Polock, margraviat de Thorn.

PÈRE UBU

Et puis après?

LE GREFFIER

C'est tout.

PÈRE UBU

Comment, c'est tout! Oh bien alors, passons aux magistrats maintenant, c'est moi qui vais faire les lois.

PLUSIEURS

On va voir ça.

PÈRE UBU

Je vais d'abord réformer la justice, après quoi nous procéderons aux finances.

PLUSIEURS MAGISTRATS

Nous nous opposons à tout changement.

PÈRE UBU

Merdre. D'abord les magistrats ne seront plus payés.

MAGISTRATS

Et de quoi vivrons-nous ? Nous sommes pauvres.

PÈRE UBU

Vous aurez les amendes que vous prononcerez et les biens des condamnés à mort.

UN MAGISTRAT

Horreur.

DEUXIÈME

Infamie.

TROISIÈME

Scandale.

QUATRIÈME

Indignité.

TOUS

Nous nous refusons à juger dans des conditions pareilles.

PÈRE UBU

A la trappe les magistrats ! (*Ils se débattent en vain.*)

MÈRE UBU

Eh ! que fais-tu, Père Ubu ? Qui rendra maintenant la justice ?

PÈRE UBU

Tiens ! moi. Tu verras comme ça marchera bien.

MÈRE UBU

Oui, ce sera du propre.

PÈRE UBU

Allons, tais-toi, bouffresque. Nous allons maintenant, messieurs, procéder aux finances.

FINANCIERS

Il n'y a rien à changer.

PÈRE UBU

Comment! Je veux tout changer, moi. D'abord je veux garder pour moi la moitié des impôts.

FINANCIERS

Pas gêné.

PÈRE UBU

Messieurs, nous établirons un impôt de dix pour cent sur la propriété, un autre sur le commerce et l'industrie, et un troisième sur les mariages et un quatrième sur les célibataires et un cinquième sur les décès, de quinze francs chacun.

PREMIER FINANCIER

Mais c'est idiot, Père Ubu.

DEUXIÈME FINANCIER

C'est absurde.

PREMIER FINANCIER

Ça n'a ni queue ni tête.

PÈRE UBU

Vous vous fichez de moi ! Qu'on m'apporte une casserole : je vais inventer en votre honneur la sauce financière.

MÈRE UBU

Mais enfin, Père Ubu, quel roi tu fais, tu massacres tout le monde.

PÈRE UBU

Eh merdre ! Dans la trappe ! Amenez tout ce qui reste de personnages considérables ! (*Défilé d'actualités et texte* ad libitum.) Toi qui ressembles étrangement à un célèbre piqueur de l'Elysée, dans la trappe ! Et vous préfet de notre police, avec tous les égards qui vous sont dus, dans la trappe ! dans la trappe ce ministre anglais, et pour ne pas faire de jaloux amenez aussi un ministre français, n'importe lequel ; et toi, notable antisémite, dans la trappe ; et toi le juif sémite et toi l'ecclésiastique et toi l'apothicaire, dans la trappe, et toi le censeur et toi l'avarié, dans la trappe! Tiens, voici un chansonnier qui s'est trompé de porte, on t'a assez vu, dans la trappe ! Oh ! Oh ! celui-ci ne fait pas de chansons, il fait des articles de journal, mais ce n'en est pas moins toujours la même chanson, dans la trappe ! Allez, passez tout le monde dans la trappe, dans la trappe, dans la trappe ! Dépêchez-vous, dans la trappe, dans la trappe !

Rideau. — Fin du Premier Acte.

ACTE II

(A droite, un moulin à fenêtre praticable, à gauche, rochers, au fond on découvre la mer.)

SCENE PREMIERE

L'Armée Polonaise entre, précédée du général **LASCY**.

CHANSON DE ROUTE

Air : *Marche des Polonais, Cl. Terrasse.*

Ma tunique a deux, trois, quat' boutons,
Cinq boutons !
Six, sept, huit boutons,
Neuf boutons !
Dix, onz', douz' boutons,
Treiz' boutons !

Ma tunique a quatorz', quinz' boutons,
Seiz' boutons !
Dix-huit, vingt boutons,
Vingt boutons !
Vingt-et-un boutons,
Trent' boutons !

Ma tunique a trent', quarant' boutons,
...rant' boutons !
Quarant'-cinq boutons,
Cinq boutons !

Soixant'-dix boutons,
Dix boutons !

Ma tunique a cinquant' mill' boutons,
Mill' boutons...

LE GÉNÉRAL LASCY

Division, halte ! A gauche, front ! A droite... alignement ! Fixe ! Repos. Soldats, je suis content de vous. N'oubliez pas que vous êtes militaires, et que les militaires font les meilleurs soldats. Pour marcher dans le sentier de l'honneur et de la victoire, vous portez d'abord le poids du corps sur la jambe droite, et partez vivement du pied gauche... Garde à vous ! Pour défiler : par le flanc droit... droite ! Division, en avant ! guide à droite, marche ! Une, deux, une, deux...

Les Soldats, avec Lascy sur le flanc, sortent, en criant :

LES SOLDATS

Vive la Pologne ! Vive le Père Ubu !

Père Ubu, *entrant, avec casque et cuirasse.*

Ah! Mère Ubu, me voici armé de ma cuirasse et de mon petit bout de bois. Je suis prêt à partir en guerre contre le czar, mais je vais être bientôt tellement chargé que je ne saurais marcher si j'étais poursuivi.

Mère Ubu

Fi, le lâche.

Père Ubu

Ah! toute cette ferraille m'embarrasse. Je n'en finirai jamais, et les Russes avancent et vont me tuer.

Mère Ubu

Comme il est beau avec son casque et sa cuirasse, on dirait une citrouille armée.

Père Ubu

Ah! maintenant je vais monter à cheval. Amenez, messieurs, le cheval à phynances.

MÈRE UBU

Père Ubu, ton cheval ne saurait plus te porter, il n'a rien mangé depuis cinq jours et est presque mort.

PÈRE UBU

Elle est bonne celle-là ! On me fait payer 12 sous par jour pour cette rosse et elle ne me peut porter. Vous vous fichez, corne d'Ubu, ou bien si vous me volez ? Alors, que l'on m'apporte une autre bête, mais je n'irai pas à pied, cornegidouille !

LE PALOTIN GIRON, *figuré par un nègre, amène un énorme cheval.*

PÈRE UBU

Merci, fidèle Palotin Giron. — (*Il caresse le cheval.*) Ho, ho... Je vais monter dessus. Oh ! je vais tomber (*Le cheval part.*) Ah ! arrêtez ma bête. Grand Dieu, je vais tomber et être mort !!! (*Il disparaît dans la coulisse.*)

Mère Ubu

Il est vraiment imbécile (*Elle rit.*) Ah! le voilà relevé, mais il est tombé par terre.

Père Ubu (*rentrant à cheval.*)

Cornegidouille, je suis à moitié mort! Mais c'est égal, je pars en guerre et je tuerai tout le monde. Gare à qui ne marchera pas droit. Ji lon mets dans ma poche avec torsion du nez et des dents et extraction de la langue.

Mère Ubu

Bonne chance, monsieur Ubu.

Père Ubu

J'oubliais de te dire que je te confie la régence. Mais j'ai sur moi le livre des phynances, tant pis pour toi si tu me voles. Je te laisse pour t'aider le fidèle Giron. Adieu, Mère Ubu. Sois sage, prends garde à ta vertu.

Mère Ubu

Adieu, Père Ubu. Tue bien le czar.

PÈRE UBU

Pour sûr. Torsion du nez et des dents, extraction de la langue et enfoncement du petit bout de bois dans les oreilles.

(*Il s'éloigne au bruit des fanfares.*)

SCENE II

MERE UBU, LE PALOTIN GIRON

MÈRE UBU

Maintenant, que ce gros pantin est parti, courons nous emparer de tous les trésors de la Pologne. Ici, Giron, viens m'aider.

LE PALOTIN GIRON

A quoi, maîtresse ?

MÈRE UBU

A tout ! Mon cher époux veut que tu le remplaces en tout pendant qu'il est à la guerre. Ainsi ce soir...

LE PALOTIN GIRON

Oh ! maîtresse !

MÈRE UBU

Ne rougis pas, mon chéri : d'abord, sur ta figure ça ne se voit pas ! Et en attendant donne-moi un coup de main pour déménager les trésors.

(*Très vite, parlé en déménageant.*)

MÈRE UBU

D'abord à mes yeux étonnés
S'offre un pot, un pot... polonais !

LE PALOTIN GIRON

Un' descent' de lit en peau d' renne,
D' la rein' qu' est mort', la pauvre reine !

MÈRE UBU

La ressemblance, trait pour trait,
D' monsieur mon époux adoré.

LE PALOTIN GIRON

Des fiol's qui soûlèr'nt la Pologne,
Au bon vieux temps d'August' l'Ivrogne.

MÈRE UBU, *portant un clysopompe.*

Le narghilé qu'on fabriqua,
Pour la rein' Mari' Leczinska.

LE PALOTIN GIRON

Les documents, dans une malle,
De la défens' nationale.

MÈRE UBU, *portant un petit balai.*

Et le plumeau qui a servi
A mettre l'ordre à Varsovi'.

MÈRE UBU

Aïe! J'entends du bruit! Le Père Ubu qui revient! Déjà! sauvons-nous!

(*Ils s'enfuient en laissant tomber les trésors.*)

SCENE III

L'Armée traverse la scène, puis le Père Ubu entre traînant une longue bride.

PÈRE UBU

Cornebleu, jambedieu, tête de vache! nous allons périr : ha! nous mourons de soif et sommes fatigué, car, par crainte de démolir notre monture, nous avons fait tout le chemin à pied, traînant (*Apparaît seulement alors le cheval.*) notre cheval par la bride. Mais quand nous serons de retour en Pologne, nous imaginerons, au moyen de notre science en pataphysique et aidé des lumières de nos conseillers, un automobile pour traîner notre cheval et une voiture à vent pour transporter toute l'armée. Mais voilà Nicolas Rensky qui se précipite. Eh! Qu'a-t-il, ce garçon?

RENSKY

Tout est perdu, Sire, les Polonais sont révoltés, Giron a disparu et la mère Ubu est en fuite emportant tous les trésors et les finances de l'État.

PÈRE UBU

Déjà!!! — Oiseau de nuit, bête de malheur, hibou à guêtres! Où as-tu pêché ces sornettes? En voilà d'une autre! Et qui a fait ça? les Cosaques, je parie. D'où viens-tu?

RENSKY

De Varsovie, noble seigneur.

PÈRE UBU

Garçon de ma merdre, si je t'en croyais je ferais rebrousser chemin à toute l'armée. Mais, seigneur garçon, il y a sur tes épaules plus de plumes que de cervelle et tu as rêvé des sottises. Va aux avant-postes, mon garçon, les Russes ne sont pas loin et nous aurons bientôt à estocader de nos armes.

LE GÉNÉRAL LASCY

Père Ubu, ne voyez-vous pas dans la plaine les Russes?

PÈRE UBU

C'est vrai, les Russes! Me voilà joli. Si encore il y avait moyen de s'en aller, mais pas du tout, nous sommes sur une hauteur et nous serons en butte à tous les coups.

L'ARMÉE

Les Russes! L'ennemi!

PÈRE UBU

Allons, messieurs, prenons nos dispositions pour la bataille. Nous allons rester sur la colline et ne commettrons point la sottise de descendre en bas. Je me tiendrai au milieu comme une citadelle vivante et vous autres graviterez autour de moi. J'ai à vous recommander de mettre dans les fusils autant de balles qu'ils en pourront tenir, car 8 balles peuvent tuer 8 Russes et c'est autant que je n'aurai pas sur le dos. Nous mettrons les fantassins à pied au bas de la colline pour recevoir les Russes et les tuer un peu, les cavaliers derrière pour se jeter dans la confusion, et notre artillerie autour du moulin à vent ici présent pour tirer dans le tas. Quant à nous, nous nous tiendrons dans le moulin à vent et tirerons avec notre pistolet à phynances par la fenêtre, en travers de la porte nous placerons le bâton, et si quelqu'un essaye d'entrer, gare à lui !

L'ARMÉE

Vos ordres, Sire Ubu, seront exécutés.

PÈRE UBU

Eh ! cela va bien, nous serons vainqueurs. Quelle heure est-il ?

(*On entend :* Coucou ! *trois fois.*)

LE GÉNÉRAL LASCY

Onze heures du matin.

PÈRE UBU

Alors nous allons dîner, car les Russes n'attaqueront pas avant midi. Dites aux soldats, seigneur général, de faire leurs besoins et d'entonner la chanson polonaise.

LASCY

Attention! A droite et à gauche, formez le cercle. Deux pas en arrière, rompez! (*L'Armée sort, grande ritournelle, le père Ubu commence à chanter, l'Armée rentre pour la fin du premier couplet.*)

Chanson Polonaise

PÈRE UBU

Quand je déguste
Faut qu'on soit soûl,
Disait Auguste
Dans un gouglou!
Chœur : Glou glou glou, glou glou glou.

PÈRE UBU

La soif nous traque
Et nous flapit ;

Buvons d'attaque
Et sans répit.
Chœur : Pi pi pi, pi pi pi !

PÈRE UBU

Par ma moustache !
Nul ne s' moqua
Du blanc panache
De mon tchapska.
Chœur : Ka ka ka, ka ka ka.

PÈRE UBU

On a bonn' trogne
Quand on a bu :
Viv' la Pologne
Et l' Père Ubu !
Chœur : Bu bu bu, bu bu bu !

PÈRE UBU

O les braves gens, je les adore ! Et maintenant, à table !

LES SOLDATS

Attaquons !

PÈRE UBU

Dites à monsieur notre intendant militaire de nous apporter les vivres mis en réserve pour toute l'armée.

LASCY

Mais, Père Ubu, il n'y a pas de vivres, il n'y a rien à manger.

PÈRE UBU

Comment, sagouin! Il n'y a rien à manger? A quoi pense alors notre intendance militaire?

LASCY

Vous ne vous rappelez plus que vous l'avez précipitée dans la trappe!

PÈRE UBU

Ah! je respire. Je savais bien que cette excellente administration ne pouvait se tromper. Personne n'ignore qu'elle aime à gaver le troupier de troupions, pardon! croupions de dinde, poulets rôtis, pâtés de chiens, choux-fleurs à la merdre et autres volailles. Enfin, je vais aller chercher moi-même s'il reste quelque chose pour garnir notre panse. (*Il sort.*)

LASCY, *criant.*

Qu'avez-vous trouvé de bon à manger, Père Ubu?

PÈRE UBU, *rentrant avec le balai.*

Je n'ai trouvé que ceci : goûtez un peu.

LASCY ET L'ARMÉE

Pouah! Pouah! Pouah! Je suis mort! Misérable père Ubu, traître et gueux voyou! (*Ils sortent dans des convulsions. La canonnade commence dans le lointain*).

PÈRE UBU, *seul.*

Mais, j'ai faim, moi. Que vais-je mettre dans ma gidouille? (*1er boulet dans le ventre.*)

LASCY, *rentrant.*

Sire Ubu, les Russent attaquent.

PÈRE UBU

Eh bien après? Que veux-tu que j'y fasse? ce n'est pas moi qui le leur ai dit. Cependant, messieurs des Finances, préparons-nous au combat. (*2e boulet, le Père Ubu est renversé, le boulet lui rebondit à plusieurs reprises décroissantes sur la gidouille.*)

LASCY

Un second boulet, je ne reste pas là. (*Il fuit.*)

PÈRE UBU

Ah ! je n'y tiens plus. Ici il pleut du plomb et du fer. Hé! sires soldats russes, faites attention, ne tirez pas par ici, il y a du monde.

VOIX AU DEHORS

Hourra, place au Czar! (*Les Russes traversent.*)

PÈRE UBU

En avant, je m'en vais attaquer avec ce petit bout de bois l'empereur moscovite !

LE CZAR, *paraissant.*

Choknosof, catastrophe, merdazof!

PÈRE UBU

Tiens, toi ! (*Le Czar lui arrache

son bâton et riposte.) — Oh mais tout de même ! ah, monsieur, pardon, laissez-moi tranquille ! oh, mais, je n'ai pas fait exprès ! Aïe ! je suis mort, je suis roué ! (*Il se sauve, le Czar le poursuit.*)

LASCY, *traversant.*

Cette fois, c'est la débandade.

PÈRE UBU

Ah, voici l'occasion de se tirer des pieds. Or donc, messieurs les Polonais, en avant ! ou plutôt non, en arrière !

POLONAIS, *traversant.*

Sauve qui peut, sauve qui peut ! (*Ils s'enfuient, poursuivis par les Russes.*)

SCÈNE IV

La scène reste vide, puis l'OURS passe.

PÈRE UBU, *rentrant*

Il n'y a plus personne ? Quels tas de gens, quelle fuite ! Où me cacher, grand Dieu ? Ah, dans cette maison, j'y serai sans doute à l'abri.

LASCY, *sortant du moulin.*

Qui vive ?

PÈRE UBU

Au secours ! Ah ! c'est toi, Lascy, tu t'es caché là aussi, tu n'es donc pas encore tué ?

LASCY

Eh ! Monsieur Ubu, êtes-vous remis de votre terreur et de votre fuite ?

PÈRE UBU

Oui, je n'ai plus peur, mais j'ai encore la fuite.

LASCY

Quel pourceau.

L'OURS, *dans la coulisse.*

Hhron !

LASCY

Quel est ce rugissement ? Allez voir, Père Ubu.

PÈRE UBU

Ah non, par exemple ! encore

des Russes, je parie, j'en ai assez ; et puis s'ils m'attaquent c'est bien simple, ji lon fous dans ma poche.

SCENE V

LES MÊMES, entre L'OURS

LASCY

Oh, monsieur Ubu !

PÈRE UBU

Oh ! tiens, regarde donc le petit toutou. Il est gentil, ma foi.

LASCY

Prenez garde ! Ah ! quel énorme ours.

PÈRE UBU

Un ours ! Ah ! l'atroce bête. Oh ! pauvre homme, me voilà mangé. Que Dieu me protège. Et il vient sur moi. Non, c'est Lascy qu'il attrape. Ah ! ça va mieux ! (L'Ours *se jette sur Lascy, qui se défend.* Le Père Ubu *se réfugie dans le moulin.*)

LASCY

A moi, à moi ! au secours, Monsieur Ubu !

PÈRE UBU, *mettant la tête à la fenêtre du moulin.*

Bernique ! Débrouille-toi, mon ami ; pour le moment, nous faisons notre Pater Noster. Chacun son tour d'être avalé.

LASCY

Il me tient, il me mord !

PÈRE UBU

Sanctificetur nomen tuum.

LASCY, *saisi par l'ours, pousse un grand cri, l'ours traverse lentement en le balançant dans sa gueule et disparaît.*

PÈRE UBU

Panem nostrum quotidianum da nobis hodie... Tiens ! le voilà mangé et me voilà tranquille. Sed libera nos a malo, Amen. Je puis descendre de ma fenêtre. Nous devons notre salut à notre courage et à notre présence d'esprit, n'ayant pas hésité à monter dans ce moulin fort élevé pour que nos prières eussent moins loin à arriver au ciel. Aussi je n'en puis plus et il me prend une étrange envie de dormir. Mais je ne coucherai pas dans cette maison, car même avec un bonnet de coton (*il le met*), quand on craint les courants d'air, il ne faut pas se réfugier dans un moulin à vent !

(*Scène du lit, avec apparition de souris, araignées, etc., classique à Guignol.*)

PÈRE UBU

Je serai mieux à la belle étoile. (*Bruit léger au dehors.*) Est-ce l'ours encore ? Il va me dévorer ! Il n'y a pas moyen de dormir, mais avec ce petit bout de bois je saurai m'en débarrasser.

(*Entre la Mère Ubu, qui reçoit le coup de bâton.*)

Ah ! c'est la Mère Ubu ! Je savais bien que c'était un animal !

Comment, c'est toi, sotte chipie ? D'où viens-tu?

MÈRE UBU

De Varsovie, les Polonais m'ont chassée.

PÈRE UBU

Moi, ce sont les Russes qui m'ont chassé, les beaux esprits se rencontrent.

MÈRE UBU

Dis plutôt qu'un bel esprit a rencontré une bourrique !

PÈRE UBU

Ah ! Mère Ubu, je vais vous arracher la cervelle et lacérer le postérieur ! (*Il la secoue.*)

MÈRE UBU

Viens plutôt avec moi, Père Ubu, ce pays n'est pas tranquille. Quittons-le, profitons de ce que nous sommes au bord de la mer et embarquons-nous sur le premier navire en partance. Mais où aller?

PÈRE UBU

Où allons-nous, Mère Ubu? *Quo vadimus*? C'est bien simple: en France ;

La France réunit pour nous tous les attraits:
Il y fait chaud l'été, l'hiver il y fait frais,
Les institutions sont mises sous vitrine :
Défense de toucher au clergé, la marine,
Au sceptre immaculé des gardiens de la paix,
Au dur labeur des bureaucrates occupés.
L'expérience de ma trique me décide
A croire qu'en effet tout ça n'est pas solide,
Et que l'on ne saurait trop mettre en du coton
La finance, l'armée et la magistrature,
Fragiles bibelots que fêle mon bâton.
L'âge d'or luit encor, plus doré que nature:
Un suffrage éclairé nomme des députés
Dont les programmes sont toujours exécutés;
Et le char de l'Etat est du même système
Que si le Père Ubu l'avait construit lui-même.
La France est le pays des lettres et des arts:
Le nombre de ceux-ci s'élève jusqu'à *quartre*:
Aussi la nomme-t-on le pays des 4-z-Arts,
Antique cabaret célèbre dans Montmartre!

C'est là que nous irons vivre désormais, mère Ubu.

MÈRE UBU

Bravo, Père Ubu, allons en France.

PÈRE UBU

Je vois un navire qui s'approche, nous sommes sauvés.

BOUGRELAS, *entrant.*

Pas encore !

PÈRE ET MÈRE UBU

Aïe ! c'est Bougrelas !

BOUGRELAS

Misérable Père Ubu, tu as tué mon père le roi Venceslas (*le Père Ubu gémit*), tu as tué ma mère la reine Rosemonde (*le Père Ubu gémit*), tu as tué toute ma famille, tu as tué la noblesse, tu as tué la justice, tu as tué la finance, mais il y a une chose que tu n'as pas tuée, car elle est impérissable : la gendarmerie nationale !

(*Entrent deux* GENDARMES.)

PÈRE UBU, *affolé.*

Où me cacher, grand Dieu ? Que deviendra la mère Ubu ? Adieu, mère Ubu, tu es bien laide aujourd'hui, est-ce parce que nous avons du monde? (*Entre le Palotin Giron.*)

MÈRE UBU

Notre fidèle Giron m'accompagnera en France.

BOUGRELAS

Et vous, gendarmes, accompagnez le Père Ubu. Conduisez-le à Paris, dans une prison ou plutôt dans un abattoir, où, en punition de tous ses crimes, il sera décervelé !

CHANSON FINALE

(*Air connu*)

PÈRE UBU, *entre* LES GENDARMES, MÈRE UBU, BOUGRELAS, LE PALOTIN GIRON.

« Vers les rives de France
Voguons / Voguez } en chantant,
Voguons / Voguez } doucement,
Pour { nous / vous
Les vents sont si doux. »

Embarquons-nous } avec espérance,
Embarquez-vous }
Vers la douce France,
Viv'le Père Ubu!

Confions-nous à la Providence,
Le ciel récompense,
Toujours la vertu,
Tutu, rlutu, pens's-tu ?
Turlututu !

La vertu trouve sa récompense...

Le navire disparaît. — Rideau.

FIN

IMPRIMÉ

sur les presses de Noël Texier et Fils

A LA ROCHELLE

www.ingramcontent.com/pod-product-compliance
Ingram Content Group UK Ltd.
Pitfield, Milton Keynes, MK11 3LW, UK
UKHW021649260726
13994UKWH00003B/1373